BEI GRIN MACHT SICH IHI
WISSEN BEZAHLT

- Wir veröffentlichen Ihre Hausarbeit,
  Bachelor- und Masterarbeit

- Ihr eigenes eBook und Buch -
  weltweit in allen wichtigen Shops

- Verdienen Sie an jedem Verkauf

Jetzt bei www.GRIN.com hochladen
und kostenlos publizieren

Jonathan Rivera

Automatisierung von Facebook Postings

Überblick der Möglichkeiten für Großunternehmen

GRIN Verlag

Bibliografische Information der Deutschen Nationalbibliothek:

Die Deutsche Bibliothek verzeichnet diese Publikation in der Deutschen National-
bibliografie; detaillierte bibliografische Daten sind im Internet über http://dnb.d-
nb.de/ abrufbar.

Impressum:

Copyright © 2010 GRIN Verlag GmbH
Druck und Bindung: Books on Demand GmbH, Norderstedt Germany
ISBN: 978-3-640-93579-6

Dieses Buch bei GRIN:

http://www.grin.com/de/e-book/173335/automatisierung-von-facebook-postings

GRIN - Your knowledge has value

Der GRIN Verlag publiziert seit 1998 wissenschaftliche Arbeiten von Studenten, Hochschullehrern und anderen Akademikern als eBook und gedrucktes Buch. Die Verlagswebsite www.grin.com ist die ideale Plattform zur Veröffentlichung von Hausarbeiten, Abschlussarbeiten, wissenschaftlichen Aufsätzen, Dissertationen und Fachbüchern.

Besuchen Sie uns im Internet:

http://www.grin.com/

http://www.facebook.com/grincom

http://www.twitter.com/grin_com

Automatisierung von Facebook Postings:

Überblick der Möglichkeiten für größere Unternehmen

Seminararbeit

am Lehrstuhl für E-Business und E-Entrepreneurship

Universität Duisburg-Essen, Campus Essen

FB Wirtschaftswissenschaften

Vorgelegt von: Jonathan Rivera

Studiengang: Wirtschaftsinformatik DII
Fachsemester: 12

Inhaltsverzeichnis

Abbildungsverzeichnis

Tabellenverzeichnis

Abkürzungsverzeichnis

API	Application Programming Interface
bspw.	Beispielsweise
FTP	File Transfer Protocol
HTTP	Hypertext Transfer Protocol
PHP	Hypertext Preprocessor
REST	Representational State Transfer
RSS	Really Simple Syndication
SOA	Service Orientated Architecture
SOAP	Simple Object Access Protocol
UDDI	Universal Description, Discovery and Integration
URI	Uniform Resource Identifier
Vgl.	Vergleiche
W3C	WWW-Consortium
WOA	Weborientierte Architektur
WSDL	Web Services Description Language
WWW	World Wide Web
XML	Extensible Markup Language
z.B.	zum Beispiel

1 Einleitung

Jeder Zweite in Deutschland hat laut einer Kölner Studie schon mal von *Facebook* gehört.[1] Mit dieser Popularität und einer aktuellen Anzahl von über 400 Millionen *Facebook* Mitgliedern gewinnt *Facebook* an Relevanz im Internet.[2] Neben der Präsentation von realen Personen haben Unternehmen schon längst das Potential von *Facebook* erkannt und sich über *Facebook-Seiten* dargestellt. *Facebook* kann mittlerweile nicht nur über den Browser sondern auch über Desktopanwendungen und mobile Endgeräte erreicht werden. Des Weiteren geht *Facebook* dem Trend Schnittstellen für Dritte über Application Programming Interfaces (API) anzubieten nach. So zieht *Facebook* mit diesem Schritt mit *Twitter, eBay, Amazon* oder *Google* gleich. Seit Ende Mai 2010 ist es möglich neben Mitgliedern innerhalb des *Facebook* Netzwerkes auch externe Internetseiten in das *Facebook* Netzwerk über *Social Plugins* als Objekt hinzuzufügen. So scheint *Facebook* seine Grenzen zu öffnen und das Web zu erobern.

Um als Unternehmen für *Facebook* Mitglieder interessant zu sein ist es nötig in regelmäßigen Abständen Postings über die Firmeneigene *Facebook-Seite* zu veröffentlichen. Als große Unternehmen werden große Kapitalgesellschaften nach §267 des Handelsgesetzbuches gesehen. So werden zwei von drei folgenden Kriterien für eine große Kapitalgesellschaft vorausgesetzt: über 250 Beschäftigte, über 38,5 Mio. Euro Umsatzerlös oder über 19,25 Mio. Euro Bilanzsumme.

Ziel dieser Ausarbeitung ist es nach einer Einführung in die Theorie von Web Services, Weborientierter Architekturen (WOA) und der Offenlegung der *Facebook* Schnittstellen, einen Überblick der Möglichkeiten von automatisierten *Facebook Postings* für Groß- und Kleinunternehmen zu geben. Darüber hinaus werden Anwendungsmöglichkeiten von automatisierten Postings bezogen auf

---

[1] Vgl. *YouGovPsychonomics* (2010), S.12.
[2] Vgl. http://www.facebook.com/press/info.php?statistics, Zugriff am 10.05.2010.

die Immobilienbranche anhand von realen Beispielen und eines fiktiven Beispiels veranschaulicht.

2 Theoretische Grundlagen

Im folgenden Abschnitt werden theoretische Grundlagen von Web Services und Weborientierter Architektur erläutert, um die Begrifflichkeiten abzugrenzen und Anwendungsbereiche der Konzepte zu beleuchten.

2.1 Web Services

Web Services basieren auf dem Konzept von SOA (Service Orientated Architecture).[3] Durch den Einsatz von Web Services werden aus bereits entwickelten Softwarekomponenten, die als gekapselte Dienste bereitstehen, zu einer neuen Software zusammengesetzt. Bei diesem Vorgang wird von Komponieren gesprochen. Zur Realisierung der Zusammenarbeit verschiedener Softwarekomponenten sind Schnittstellen und Nachrichtenübertragungen nötig, die Plattform- und Programmiersprachenunabhängig sind.

Die Auszeichnungssprache XML (Extensible Markup Language) wird von Web Services genutzt um Struktur, Inhalt und Form voneinander zu trennen. Der Informationsaustausch zwischen den beteiligten Systemen erfolgt über die Nutzung von SOAP (Simple Object Access Protocol). Um die Interaktion zwischen Web Services zu ermöglichen, muss ein Web Service und seine Schnittstellen beschrieben werden. Für die Beschreibung eines Web Services mit seinen Schnittstellen wird die Beschreibungssprache für Netzwerkdienste WSDL (Web Services Description Language) verwendet. Web Services werden in Verzeichnisse eingepflegt um Web Services auffindbar zu machen, dabei ist UDDI (Universal Description, Discovery and Integration) die am meisten verbreitete Technologie.[4]

---

[3] Vgl. *Burbeck* (2000).
[4] Vgl. *Wenzler* (2004), S. 2ff.

Wie Abbildung 2 zeigt, existieren zu der Architektur von einem Web Service drei miteinander interagierenden Rollen: Service Provider, Service Requestor und Service Broker.[5]

Abbildung 1
Rollen bei einem Web Service[6]

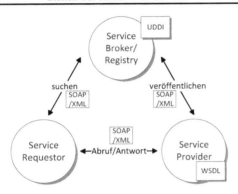

Der Service Provider veröffentlicht und bietet Web Services an. Durch den Service Provider werden des weiteren Web Services in einem UDDI Verzeichnis hinterlegt. Ferner sind Beschreibungen zu dem Web Service und Schnittstellen durch die WSDL auf dem Service Provider bereitgestellt.[7]

Der Service Requestor repräsentiert die Rolle des Users. Ein menschlicher User oder ein anderer Web Service kann die Rolle eines Service Requestor einnehmen. Sucht der Service Requestor nach einem Web Service, so muss er bei dem Service Broker die Suche durchführen. Wird ein passender Web Service durch den Service Broker gefunden, wird der Web Service aufgerufen. Die

---

[5] Vgl. *Wenzler* (2004), S. 8.
[6] In Anlehnung an *Wenzler* (2004), S. 9.
[7] Vgl. *Wenzler* (2004), S. 8.

Kommunikation des Service Requestor läuft über SOAP um z.B. Parameter zu übertragen oder eine Antwort zu erhalten.[8]

Der Service Broker (oder auch Service Registry) ist ein Verzeichnis. Das Verzeichnis enthält Informationen über Web Services und über die Anbieter. Dazu kann der Service Broker ebenfalls Suchdienste von Web Services bereitstellen. UDDI ist ein solches Verzeichnis. Zur Veröffentlichung von Web Service Informationen wird WSDL verwendet.[9]

SOAP ist ein Framework mit dem beliebige Informationen von Anwendungen auf Basis von Internetprotokollen wie HTTP oder FTP (File Transfer Protocol) übertragen werden können. SOAP Informationen basieren auf XML-Dokumenten. So ist eine Plattformunabhängigkeit gewährleistet. Ferner ist SOAP programmiersprachenunabhängig, da weder Programmiersprachen noch spezielle APIs vorausgesetzt werden.[10]

2.2 Weborientierte Architektur

In diesem Abschnitt wird die Theorie der Weborientierten Architektur (WOA auch bekannt unter der Bezeichnung Web API) erklärt. So werden Begriffe und der technische Hintergrund im Folgenden erläutert. *Nick Gall*, Vice President bei *Gartner*, definiert WOA als eine simple Gleichung:

Abbildung 2
Weborientierte Architektur Formel[11]

WOA = SOA + REST + WWW

Laut der Gleichung wird von einem Unternehmen eine serviceorientierte Architektur (SOA) vorausgesetzt, in der Dienstleistungen im Vordergrund stehen. Durch den Einsatz des Representational State Transfer Stils (REST) und dem

---

[8] Vgl. *Wenzler* (2004), S. 8.
[9] Vgl. *Wenzler* (2004), S. 8.
[10] Vgl *Mitra, Lafon* (2007).
[11] Vgl. *Lawson* (2008).

World Wide Web (WWW) kann die Weborientierte Architektur realisiert werden. Das World Wide Web Consortium (W3C) definiert das WWW wie folgt:
„The World Wide Web (WWW, or simply Web) is an information space in
which the items of interest, referred to as resources, are identified by global
identifiers called Uniform Resource Identifiers (URI)."[12]

REST ist ein Architekturstil für die Webarchitektur, die auf fünf Kernprinzi-
pien basiert. Jede Ressource ist in dem Architekturstil eindeutig über einen
URI erreichbar und es kann mit einer Menge wohldefinierter Standardmethoden mit den Ressourcen kommuniziert werden. Überdies sind Ressourcen un-
tereinander über Links verknüpft. Die Kommunikation wird über Hypertext
Transfer Protocol (HTTP) und über einen Link (URI) realisiert. Die Repräsentation der Antwort der Ressource kann dabei unterschiedlich sein, je nach dem
was der Anfragende verlangt. So kann eine Ressource beispielsweise in einer
HTML, XML oder anderen Repräsentation vorhanden sein. Dabei läuft die
Kommunikation zwischen dem Anfragenden und der Ressource statuslos. Statuslos bedeutet in diesem Kontext, dass der Anfragende weder angemeldet sein
muss noch ein Session Cookie benötigt. So ist der Zustand des Anwenders für
die Kommunikation irrelevant. Des Weiteren benötigt REST keine SOAP oder
WSDL (was Web Services benötigen) um eine Kommunikation zu realisieren.

Tabelle 1[13]
Fünf Grundprinzipen der REST Architektur

- Ressourcen mit eindeutiger Identifikation
- Verknüpfungen/Hypermedia
- Standardmethoden
- Unterschiedliche Repräsentationen
- Statuslose Kommunikation

Eine Request Antwort auf ein GET-Methodenaufruf erhält der Anfragende
meist in HTML, XML oder JavaScript Object Notation (JSON) Format, die für

---

[12] http://www.w3.org/Help/#webinternet, Zugriff am 10.06.2010.
[13] In Anlehnung an *Tilkov* (2009).

die Zwecke des Anfragenden weiterverwendet werden kann. Mit der POST-Methode ist es dem Sender möglich nur mit einem URI Informationen auf einem Server anzulegen. Die PUT-Methode aktualisiert eine bestehende Ressource oder erzeugt sie falls sie nicht vorhanden ist. DELETE wird genutzt um eine Ressource zu löschen.

Tabelle 2
REST Service-Funktionen[14]

Methode	Semantik
GET	Abruf von Informationen einer Ressource
POST	Hinzufügen von neuen Informationen an einer Ressource
PUT	Aktualisierte Informationen einer bestehenden Ressource
DELETE	Löschen von Informationen einer Ressource

2.3 Webservices vs. WOA

Wie in Kapitel 2.1 dargestellt wurde, existieren viele Erfordernisse um Web Services zu realisieren. So müssen Web Services neben der eigentlichen Funktionalität in WSDL beschrieben und in ein Verzeichnis wie UDDI veröffentlicht werden. Der Vorteil von Web Services besteht darin, dass sie standardisiert und öffentlich zugänglich sind. Die Verwendung von Verzeichnissen erleichtert die Auffindbarkeit eines Web Services.

Weborientierte Architekturen mit der Nutzung von REST hingegen basieren auf Grundprinzipien und sind nicht standardisiert. Es existieren keine Spezifikation wie es die W3C für Web Services veröffentlich hat.[15] So ist die Nutzung von REST weniger restriktiv und eignen sich für leichtgewichtige Formen von Web Services, „da sie lediglich die Informationen und Funktionen von Webanwendungen bereitstellen sollen, basieren sie nicht auf Standards wie SOAP und WSDL, sondern werden meist mittels des einfachen, sich auf wenige Funktionen beschränkenden REST umgesetzt."[16]

---

[14] Vgl. *Dong, Jing/Paul, Raymond/Zhang, Liang-Jie* (2009).
[15] Vgl. *Costello.*
[16] Vgl. *Hommen* (2007), S. 106.

3 Facebook Grundlagen und Architektur

Facebook bietet als Anwendung eine Reihe an innovativen Programmfeatures an über die sich ein Unternehmen einen Überblick schaffen sollte um das volle Potential der Plattform zu kennen und umsichtig zu nutzen. So werden im Folgenden relevante *Facebook* Grundlagen dargestellt und ferner auf die *Facebook* Architektur eingegangen, um als Unternehmen Nutzen und Potentiale zu erkennen.

3.1 Facebook Grundlagen

User in dem *Facebook* Netzwerk besitzen ab dem Zeitpunkt der Anmeldung an der Plattform ein Profil, welches je nach individueller Eingabe persönliche Daten über Alter, Wohnort oder Geschlecht beinhalten kann. Des Weiteren können Profilfotos, Interessen, Beziehungen und weiteres zur eigenen Person vom User in sein Profil eingepflegt werden. Neben dem Profil hat ein User eine individuelle Pinnwand, auf der *Facebook Freunde* Fotos, Videos und Internetseiten teilen können. So ähnelt dies einem personalisiertem Forum, welches für jeden sichtbar ist, der Zugang zu dem jeweiligen Profil hat. Jeder Eintrag auf der individuellen Pinnwand ist ein Posting. *Schwindt* definiert Posting wie folgt: „Das Veröffentlichen von Beiträgen wird auch Posten – vom Englischen „to post" – genannt. Etwas, das man gepostet hat, nennt man auch ein Posting, d.h. einen veröffentlichten Beitrag".[17] Ein Posting kann neben einer Textnachricht Bilder, Videos, Veranstaltungen oder Links beinhalten.[18] Dabei ist zu beachten dass jeweils nur ein Medium an ein Posting angehangen werden kann. Der Einsatz von nur einem Medium kann umgangen werden in dem ein Link auf eine externe Internetseite genutzt wird, welche mehrere Medien nutzt.

---

[17] *Schwindt* (2010), S.273.
[18] http://developers.facebook.com/docs/reference/rest/stream.publish, Zugriff am 21.06.2010.

Abbildung 3
Facebook Posting

Wird ein Posting auf einer User Pinnwand veröffentlicht erhalten der User und alle *Facebook Freunde* das gleiche Posting unter den *Neuigkeiten*. Auf dieses Posting können dann *Facebook Freunde* entweder mit der Funktion „Gefällt mir" oder mit „Kommentieren" reagieren und werden als Folge als Anhang an das Posting automatisch verlinkt.

Die Funktion *Neuigkeiten* unterteilt sich in *Neueste Meldungen* und *Hauptmeldungen*. Unter *Neueste Meldungen* finden sich alle Beiträge aller Vernetzungen wieder, wohingegen der Menüpunkt *Hauptmeldungen* basierend auf die Gewohnheiten des Users Beiträge filtert.[19] Um ein Posting eingeschränkt zu veröffentlichen bietet *Facebook* wie auf der Abbildung 2 die Privatsphäre-Option für jedes einzelne Posting.

Facebook Profile dürfen laut den Nutzungsbedingungen nicht kommerziell genutzt werden.[20] Unternehmen haben jedoch die Möglichkeit sich kostenlos über *Facebook-Seiten* in dem Netzwerk zu präsentieren und zu kommunizieren. Die *Facebook-Seite* muss nicht nur von einer Person eines Unternehmens gepflegt werden sondern kann über mehrere Administratoren gewartet wer-

---

[19] *Schwindt* (2010), S.101.
[20] http://www.facebook.com/terms.php?ref=pf §4.4, Zugriff am 25.06.2010.

den.[21] Eine *Facebook-Seite* ist standardmäßig öffentlich. Über ein Nachrichten-fach wie User Profile verfügt eine *Facebook-Seite* nicht. Des Weiteren können *Facebook-Seiten* keine Freunde bzw. Freundeslisten haben und nur von *Facebook* User über den „Gefällt mir"-Button verlinkt werden. Die Kommunikation erfolgt Unternehmensseitig nur über die *Facebook-Seiten* Pinnwand und kann dabei bei jedem Posting eine bestimmte Zielgruppe nach Ort, Geschlecht und Alter definieren, die Einsicht auf das Posting haben sollen.[22]

3.2 Facebook Programmschnittschellen

Seit Mai 2007 existiert die *Facebook Plattform*, welche Entwickler nutzen können um eigene Anwendungen für *Facebook* zu programmieren.[23] So wurden von *Facebook* Methoden in einer API veröffentlicht um *Facebook* als Software zu nutzen. Die Kernbestandteile der Softwarearchitektur von *Facebook* basieren auf Open Source Software wie MySQL, PHP oder Apache. Des Weiteren wurden Open Source Projekte von *Facebook* selbst initiiert wie *Hiphop for PHP* oder *Cassandra. Hiphop for PHP* ist eine Open Source Software welche PHP-Script Code in C++ übersetzt.[24] *Facebook* selbst hat durch den Einsatz von *Hiphop for PHP* 50% CPU-Last eingespart.[25] *Cassandra* ist ein verteiltes Datenbankmanagementsystem, das für große Datenbanken ausgelegt ist.[26] Die Softwarearchitektur des sozialen Netzwerkes *Facebook* zeichnet sich also durch seine freizugängliche API, der Nutzung und Weiterentwicklung von Open Source Software aus.

Seit Juni 2008 sind große Teile der Infrastruktur von *Facebook* selbst Open Source.[27] So ist es Entwicklern möglich in einer eigenen Testumgebung *Facebook Anwendungen* zu testen oder in den Quellcode der *Facebook Open Plat-*

---

[21] http://www.facebook.com/help/?faq=15187 , Zugriff am 27.06.2010.
[22] http://www.facebook.com/help/?faq=15202, Zugriff am 27.06.2010.
[23] Vgl. *MacManus* (2007).
[24] Vgl. *Zhao* (2010).
[25] Vgl. *Ihlenfeld* (2010).
[26] http://developers.facebook.com/opensource, Zugriff am 23.05.2010.
[27] Vgl. *Arrington* (2008)

form zu blicken ggf. zu modifizieren. Ferner ist es möglich ein eigenes *Facebook* zu erstellen. Jedoch unterliegt die *Facebook Open Platform* der *Common Public Attribution Licence*, einer Open Source Lizenz die unter §14 Zusätzliche Bedingungen festlegt, dass der ursprüngliche Entwickler eine Bedingung hinzufügen kann, die ihn namentlich in ausführbaren Programmen und Quellcode auf der graphischen Benutzeroberfläche deutlich anzeigen lässt.[28]

Das große Angebot an öffentlichen Programmierschnittstellen von *Facebook* bildet das größte Alleinstellungsmerkmal gegenüber anderen sozialen Netzwerken. Während *StudiVZ*, *Wer-kennt-Wen* oder *Myspace* weiterhin Netzwerke mit sozialen Kompetenzen bleiben, entwickelt sich *Facebook* durch seine öffentlichen Programmierschnittstellen zu einem Infrastrukturanbieter. Was für die Nutzung von *Facebook* Programmierschnittstellen durch Unternehmen spricht, ist das aktuell kein Netzwerk mehr reale Verbindungen beinhaltet als *Facebook*.

Abbildung 4
Basic Facebook Architecture[29]

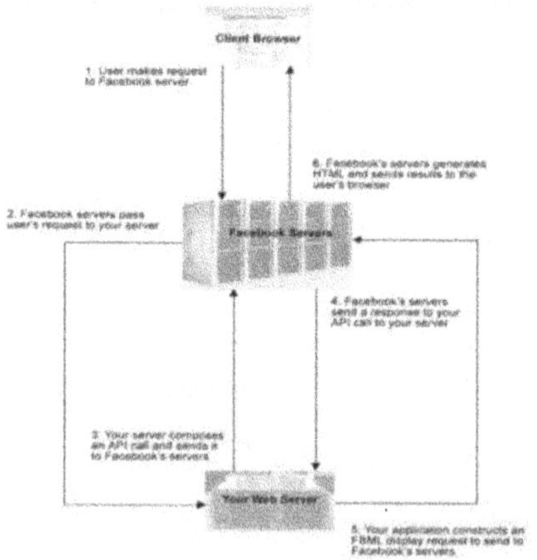

---

[28] http://www.opensource.org/licenses/cpal_1.0, Zugriff am 12.06.2010.
[29] *Graham* (2008).

Natali Del Conte bestätigt mit ihrer folgenden Aussage, dass *Facebook* als Infrastrukturanbieter zu sehen ist: „Ich habe schon immer gesagt, dass Facebook und ähnliche Tools letztlich weniger Ziele, sondern eher Werkzeuge sein werden, die Sie überall benutzen und die Sie mit anderen Teilen des Webs verbinden."[30]

Wie die Abbildung 4 zeigt, bei jeder Nutzung einer *Facebook Anwendung* durch einen *Facebook* User wird eine Reihe an Prozessen zwischen der *Facebook* Serverlandschaft und einem externen Anwendungsserver initiiert. Jedes Mal wenn ein Benutzer eine Anfrage an eine *Facebook Anwendung* sendet, wird die Anfrage zu dem externen Anwendungsserver weitergeleitet um die Schnittstelle zu initiieren. So kann man zum Beispiel den Inhalt eines Blogs über die Nutzung der *Facebook* Programmierschnittstellen auf der *Facebook Pinnwand* veröffentlichen, wobei alles automatisch im Backend verläuft. Der *Facebook User* selbst sieht nur das fertige Ergebnis in Form eines Postings auf seiner *Facebook Pinnwand*.[31]

4 Automatisierungsmöglichkeiten von Facebook Postings

In der *Facebook* Softwarearchitektur existieren mehrere Möglichkeiten Postings automatisiert erstellen zu lassen. Bei der Automatisierung wird von dem Posting Prozess nach der Content Erstellung eines Unternehmens Mitarbeiter ausgegangen. So sind Texte, Bilder oder Links bereits erstellt und müssen auf *Facebook* veröffentlicht werden. Es besteht zwar die Möglichkeit Content durch einige Methoden automatisch erzeugen zu lassen, jedoch distanziert sich diese Ausarbeitung von diesem Thema. Allgemein können die Automatisierungsmöglichkeiten in interne *Facebook* Anwendungen und externe Anwendungen unterschieden werden. Interne *Facebook* Anwendungen werden über die *Facebook* Internetseite angeboten, wo hingegen externe Webanwendungen

---

[30] *Qualman* (2010), S.212.
[31] Vgl. *Graham* (2008).

über eigene Internetseiten *Facebook* Dienste anbieten. Die wichtigsten und relevantesten Automatisierungsmöglichkeiten sollen im Folgenden dargestellt werden.

4.1 Facebook Anwendungen

Facebook Anwendungen sind kleine Programme innerhalb des *Facebook* Netzwerkes, die auf der *Facebook* Webseite angeboten und ausgeführt werden.[32] Die Anwendungen können von *Facebook* selbst oder von Drittentwicklern implementiert sein. *Facebook* bietet eine eigene Anwendung an, die RSS-Feeds in ein Profil anbindet. RSS-Feeds werden standardmäßig auf dem Notizen-Tabulator übertragen und als Notizvermerk auf der eigenen *Pinnwand* angezeigt. Alle vernetzten *Facebook* Freunde werden automatisch über den Notizvermerk in einer Meldung auf ihrer Neuigkeiten Seite informiert. RSS ist ein Akronym und steht für Really Simple Syndication. RSS dienen zur einfachen und strukturierten Veröffentlichung von Änderungen auf Internetseiten in einem standardisierten Format. *Tim O'Reilly* bezeichnet RSS als den bemerkenswertesten Fortschritt in der grundlegenden Architektur des Webs.[33] Bereitgestellte Dateien im RSS-Format werden als RSS-Feeds bezeichnet.

Um RSS-Feeds nur als Postings ohne Notiz auf eine *Facebook Pinnwand* zu generieren, existieren *Facebook Anwendungen* von Drittentwicklern, die RSS-Feeds einlesen und automatisierte Postings auf Pinnwänden erstellen können. *RSS Graffiti* und *Social RSS* sind zwei *Facebook Anwendungen* die Postings aus RSS-Feeds auf Pinnwänden anbieten. Dabei ist die Zeichenanzahl der Postings nicht beschränkt und Bilder können zu dem Posting angezeigt werden.

Neben der Möglichkeit RSS-Feeds zu nutzen, existiert die Möglichkeit *Twitter* Nachrichten als Postings über *Facebook Anwendungen* erstellen zu lassen. Die durch Twitter erzeugten Postings sind jedoch auf 140 Zeichen begrenzt und können keine Bilder beinhalten.

[32] Vgl. *Vander Veer* (2010), S.198ff.
[33] Vgl. *O'Reilly* (2005).

4.2   Externe Webanwendungen

Neben den *Facebook Anwendungen* existieren externe Webanwendungen, welche automatisierte Postings in sozialen Netzwerken als Dienstleistung anbieten. Diese externen Webanwendungen unterscheiden sich in der Preisgestaltung, API und im Funktionsumfang. Die relevantesten Webanwendungen für automatisierte Postings auf *Facebook Pinnwänden* werden anhand im Folgenden beschriebener Kriterien dargestellt.

4.2.1   API

Um die Möglichkeit Funktionen der Webanwendung auch für eigenentwickelte Applikationen zu nutzen, wird eine API der Webanwendung vorausgesetzt. So kann der Funktionsumfang bei Bedarf außerhalb der Webanwendung in eigenen Programmen genutzt und um eigene Funktionen erweitert werden. Sinnvoll ist dies um Beispielsweise Nachrichten aus dem Produktivsystem an die Webanwendung zu koppeln oder andere Unternehmenssysteme über eine API zu koppeln.

4.2.2   Zeitsteuerung

Um zeitgesteuert automatische Postings zu erstellen ist eine Zeitplanung nötig. So können Postings erstellt, geplant und erzeugt werden. Es ist durch eine Zeitsteuerung möglich zeitlich versetzte Postings zu veröffentlichen um Beispielsweise auf geplante Rabattaktionen an einem vordefinierten Termin aufmerksam zu machen.

4.2.3   Medien

Facebook bietet generell die Möglichkeit Medien wie Videos oder Bilder an Postings anzuhängen. Dies sollte die externe Webanwendung ebenfalls unterstützen um den vollen Funktionsumfang von *Facebook* zu nutzen. Jedoch ist es in *Facebook* nur eine Art von Medium anzubinden möglich.

4.2.4 Preis

Der Preis für die Nutzung von externen Webanwendungen ist für Großunternehmen von geringerer Relevanz, da sich der Preisrahmen zwischen kostenfrei und 40€ bewegt. Zur Vollständigkeit soll der Preis der verschiedenen externen Webanwendungen hier erwähnt werden.

Die Nachfolgende Tabelle skizziert die Anbieter anhand der aufgestellten Kriterien.

Tabelle 3
Übersicht der Webanwendungen für automatisierte *Facebook* Postings

Webanwendung	API	Zeitsteuerung	Preis
sendible.com	Ja (nur Email/SMS)	Ja	0 bis 40 €
ping.fm	Ja	Nein	0 €
hellotxt.com	Ja (privat beta)	Nein	0 €
onlywire.com	Ja	Nein	2,99 bis 24,99 $

4.3 Eigenentwicklung

Facebook bietet Drittentwicklern die Möglichkeit eigene Applikationen basierend auf *Facebook* Daten und Funktionen zu implementieren. Laut *Facebook* eigenen Angaben, können *Facebook* Applikationen für den Gebrauch intern für die *Facebook* Internetseite, als eigenständige Website, Desktop PCs oder mobile Endgeräte entwickelt werden.[34] Bei der Nutzung der *Facebook API* sind Entwickler nicht auf die *Facebook* Internetseite begrenzt und können grenzübergreifend eigene Programme implementieren. Hierzu bietet *Facebook* eine eigene Plattform an, um sich über die bereitgestellte *Facebook API* zu informieren und mit anderen Entwicklern in einem Entwicklerforum in Kontakt zu treten. So ist hier der höchstmögliche Grad der Automatisierung und Individualisierung für automatisierte Postings gewährleistet, da eigene Anforderungen und Vorstellungen umgesetzt werden können. Des Weiteren können weitere Prozesse wie die Erstellung von einem Fotoalbum und Upload von Fotos, auf

---

[34] Vgl. http://wiki.developers.facebook.com/index.php/Platform_Basics, Zugriff 15.06.2010.

die später ein Posting zugreift, automatisiert werden. So lassen sich komplette *Facebook* Arbeitsschritte optimieren.

5 Case Study

Nur zwei von 20 Immobilienunternehmen die in dem Immobilienmakler Ranking 2008[35] (nach Nettoumsätzen) des Immobilien Manager Verlags vertreten sind nutzen *Facebook-Seiten*. Die Nutzung des Funktionsumfangs divergiert zwischen reiner Kommunikation von Unternehmensnachrichten bis hin zu Immobilienangeboten in Form von Postings.

Engel & Völkers, ein Unternehmen in der Immobilienwirtschaft, welches ein Franchise-System verfolgt[36], nutzt seine *Facebook* Seite um Unternehmensnachrichten zu verbreiten. So werden bspw. Eröffnungen von neuen oder über Pressemitteilungen Büros gepostet. Über 90 Lizenzpartner wie *Engel & Völkers Stuttgart oder Engel & Völkers Köln* nutzen *Facebook* Postings um auf externe Exposés zu verlinken. Die *Facebook* Aktivitäten unterscheiden sich hierbei maßgeblich. *Engel & Völkers Leipzig* verwendet darüber hinaus *Facebook Fotoalben* um Immobilien darzustellen.

Die *Aigner Immobilien GmbH* nutzt seine *Facebook-Seite* für PR Zwecke und zum Einstellen von Immobilien. Die Immobilien werden entweder über weiterleitende Postings auf die firmeneigene Internetseite eingestellt oder über Fotoalben Postings mit beschreibenden Texten veröffentlicht.

Es ist nicht immer ersichtlich wie die Immobilien in *Facebook* eingepflegt und gepostet werden. Wenn ein Fotoalbum mit Beschreibung manuell angelegt und mit Immobilienfotos angereichert wurde ergeben sich hier Automatisierungspotentiale. Falls eine Immobiliendatenbank mit beschreibenden Texten und zugehörigen Fotos gepflegt wird kann hier Redundanzen vermieden werden.

---

[35] http://www.immobilienmanager.de/maklerranking.html, Zugriff am 2.07.2010.
[36] http://www.engelvoelkers.de/de/de/Lizenzpartner/wohnlizenzen/lizenzpartnersystem.php, Zugriff am 4.07.2010.

Bei einmaliger Datenbankpflege müssten folgende Arbeitsschritte wie in Abbildung 5 für *Facebook* automatisiert werden.

Abbildung 5
Arbeitsschritte zur Erstellung eines Facebook Immobilien Postings

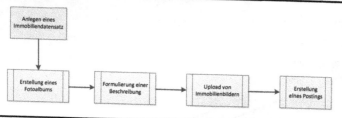

Die Vorteile lägen hier in der Vermeidung von wiederholenden Arbeitstätigkeiten und dadurch Einsparung von Personalkapazitäten. Falls ein Immobilienmakler Blog mit Immobilien Exposés geführt wird, kann dieser an die *Facebook Seite* über RSS-Feeds gekoppelt werden.

6 Fazit

Die *Facebook Plattform* bietet dank seiner Weborientierten Architektur generell viele Möglichkeiten um Postings automatisch erstellen zu lassen. Sei es über eine interne *Facebook* Anwendung, über einer externen Webanwendung oder über einer Eigenentwicklung. Entscheidet sich ein Unternehmen sich für eine *Facebook-Seite* ist zu planen wie viel Zeit, Budget und Aufwand investiert werden soll. Ein Großunternehmen sollte je nach Bedürfnissen und Budgets seine Entscheidung für eine Möglichkeit der Automatisierung von Postings treffen. Bei großen Budgets bietet sich eine Eigenentwicklung an, welche automatisiert Postings aus der vorhandenen Immobiliendatenbank erstellt. Jedoch sollten die Postings nicht zeitgleich oder innerhalb einer kurzen Zeitspanne veröffentlich werden, da sonst Immobilien Exposé *Postings* in der eigenen Datenflut untergehen könnten.

Kleine Unternehmen mit niedrigeren Etats für Social Media haben ebenfalls die Möglichkeit Postings automatisieren zu lassen. So stellen externe Webanwendungen wie *Sendible* oder *RSS Graffiti* kostengünstige Alternative zur manuellen Postings. Jedoch ist hier eher der Vorteil nur in der Verbreitung einmalig erstellter Informationen zu sehen anstatt der Zeitersparnis.

Insgesamt sollte die Immobilienbranche aufwachen und die Möglichkeiten des Web 2.0 erkennen. Es sind noch nicht viele Immobilienmakler mit Blogs und professionellen *Facebook-Seiten* vertreten. Hier ist das Potential deutlich und kann genutzt werden. Ein Szenario neben Postings wären ein weiterer Reiter auf der *Facebook-Seite* mit einem Datenbankzugriff um einen Überblick von Immobilien anzubieten. Postings sind leider in ihrer Funktionsvielfalt beschränkt so können bspw. keine Videos in Fotoalben integriert werden oder ein einzelnes Posting mit mehreren integrierten Medien (Video und Fotos) nicht realisiert werden. Für das Wecken von Interesse und für die Verbreitung von Information hingegen eigenen sich Postings perfekt. So ist abzuwarten ob *Facebook* seine Postings ausbaut und wie die Immobilienbranche die angebotenen *Facebook Funktionen* nutzen wird.

Literaturverzeichnis

Arrington, Michael (2008) , Facebook Platform Now Open Source: fbOpen Released, http://techcrunch.com/2008/06/02/*Facebook*-turns-platfrom-open-source-via-fbopen/, Zugriff am 21.05.2010.

Bayer, Thomas (2002), REST Web Services, http://www.oio.de/public/ xml/rest-webservices.htm , Zugriff am 13.05.2010.

Burbeck, Steve (2000), The Tao of e-business services, http://www.ibm.com/ developerworks/library/ws-tao/index.html, Zugriff am 29.06.2010.

Costello, Roger L., Building Web Services the REST Way, http://www.xfront.com/REST-Web-Services.html, Zugriff am 14.06.2010.

Dong, Jing/Paul, Raymond/Zhang, Liang-Jie (Hrsg.) (2009), High Assurance Services Computing , S. 260.

Fulkerson, Aaron (2010), Web Oriented Architecture (WOA), http://www. slideshare.net/mindtouch/web-oriented-architecture-woa-gluecon-may-2010, Zugriff am 13.05.2010.

Graham, Wayne (2008), *Facebook* API Developers Guide, S. 15 – 16.

Ho, Victoria (2008), 'Facebook generation' driving SOA adoption, http://www.zdnetasia.com/Facebook-generation-driving-soa-adoption-62047994.htm , Zugriff am 13.05.2010.

Hommen, Niels (2007), Mashups und weborientierte Architekturen als Techno-logie –Trends des Web 2.0, in *Kollman, Tobias/Häsel, Matthias* (Hrsg.): Web 2.0 – Trends und Technologien im Kontext der Net Economy, S.103-120.

http://developers.facebook.com/docs/reference/rest/stream.publish, Zugriff am 21.06.2010.

http://wiki.developers.facebook.com/index.php/Platform_Basics, Zugriff 15.06.2010.

http://www.engelvoelkers.de/de/de/Lizenzpartner/wohnlizenzen/lizenzpartners ystem.php, Zugriff am 4.07.2010.

http://www.facebook.com/help/?faq=15187 , Zugriff am 27.06.2010.

http://www. facebook.com/help/?faq=15202, Zugriff am 27.06.2010.

http://www. facebook.com/terms.php?ref=pf §4.4, Zugriff am 25.06.2010.

http://www.immobilienmanager.de/maklerranking.html, Zugriff am 2.07.2010.

http://www.opensource.org/licenses/cpal_1.0, Zugriff am 12.06.2010.

Ihlenfeld, Jens (2010), HipHop – Facebook beschleunigt PHP, http://www.golem.de/1002/72842.html, Zugriff am 12.06.2010.

Karlstetter, Florian (2008), Folgen Web-orientierte Architekturen auf SOA?, http://www.searchnetworking.de/themenbereiche/management/performance-management/articles/105920/ , Zugriff am 13.05.2010.

Lawson, Loraine (2008), Why WOA vs. SOA Doesn't Matter, http://www.itbusinessedge.com/cm/community/features/interviews/blog/why-woa-vs-soa-doesnt-matter/?cs=23092 , Zugriff am 10.06.2010.

MacManus, Richard (2007) , How Open Is Facebook Really?, http://www.readwriteweb.com/archives/how_open_is_ facebook _really.php, Zugriff am 23.05.2010.

Mathas, Christoph (2007), SOA intern: Praxiswissen zu serviceorientierten It-systemen, 1 Aufl. , S. 242-245.

Mitra, Nilo; Lafon, Yves (2007), SOAP Version 1.2 Part 0: Primer (Second Edition) , http://www.w3.org/TR/2007/REC-soap12-part0-20070427/, Zugriff am 29.06.2010.

O'Reilly, Tim (2005), What Is Web 2.0 - Design Patterns and Business Models for the Next   Generation   of   Software, http://www.oreillynet.com/pub/a/oreilly/tim/news/2005/09/30/what-is-web-20.html, Zugriff am 12.05.2010.

Qualman, Erik (2010), Socialnomics: Wie Social Media Wirtschaft und Gesellschaft verändern, S.212.

Sutter, Jim (2009), Tutorial: Introduction to Web 2.0, in: Communications of the Association for Information Systems, Vol. 25, S. 511-518.

Tilkov, Stefan (2009), REST und HTTP. Einsatz der Architektur des Web für Integrationsszenarien, Heidelberg, S.1-15.

Vander Veer, E.A. (2010), Facebook: The Missing Manual, Second Edition, Aufl.2.

Wenzler, Alfon (2004), Web Services und Service Oriented Architectures, S.2-14.

YouGovPsychonomics (2010), SBN – Social Network Barometer 2010, http://www.psychonomics.de/filemanager/download/2271, S.12, Zugriff am 2.05.2010.

Zhao, Haiping (2010), HipHop for PHP: Move Fast, http://developers.facebook.com/blog/post/358, Zugriff am 13.05.2010.